kochduell

Let's party!

Matthias Ruta

kochduell

Let's party!

Partyrezepte für jede Gelegenheit

vgs

Wir danken dem Einrichtungshaus Pesch, Köln, das uns freundlicherweise sämtliche Materialien für die Dekoration der Fotografien zur Verfügung gestellt hat.

Die Abkürzungen in den Rezepten bedeuten:
EL = Esslöffel
TL = Teelöffel
Msp. = Messerspitze
Pr. = Prise
Pk. = Paket
Päck. = Päckchen
Bd. = Bund

Dieses Buch erscheint zur Sendung **kochduell**, die montags bis freitags um 18.15 Uhr bei VOX ausgestrahlt wird.

Die Deutsche Bibliothek – CIP-Einheitsaufnahme
Kochduell / [VOX]. – Köln : vgs
Let's party! : Partyrezepte für jede Gelegenheit / Matthias Ruta. –
Orig.-Ausg. – 2002
ISBN 3-8025-1509-9

Originalausgabe

Food- und Umschlagfotos: Food-Foto-Köln, Jürgen Holz, Assistenz: Christian Pompetzki
Foodstyling: Matthias Ruta
Umschlaggestaltung: Alexander Ziegler, Köln
Redaktion: Alexandra Panz
Bildredaktion: Katja Fauth
Lektorat: Judith Abel
Produktion: Susanne Beeh
Layout und Satz: Veronika Richter
Printed in Spain
ISBN 3-8025-1509-9

Besuchen Sie unsere Homepage im Internet: www.vgs.de
oder die Homepage von Kochduell: www.vox.de

Inhalt

Vorwort

Sie haben demnächst Geburtstag, Silvester steht an, oder das Wetter lädt zu einer Gartenparty ein, doch Sie haben keine Lust, wieder eine dieser lanOweiligen Grillpartys zu geben, auf denen sich Berge von Nudel- und Kartoffelsalat türmen, gepaart mit Bockwürstchen und Frikadellen? Die hundertste Silvesternacht mit Fleischfondue oder mal wieder ein Geburtstagskaffee mit Käsekuchen? Sie wollen endlich mal eine Party veranstalten, an die man sich auch noch im nächsten Jahr gerne erinnert? Kein Problem! In diesem Buch habe ich viele ausgefallene, aber dennoch leicht vorzubereitende Gerichte für Sie zusammengestellt, um Sie bei der Vorbereitung Ihrer Party zu inspirieren. Wie wäre es einmal mit einer Garten-Grillparty mit „Krokodilsticks auf Mangochutney“ (siehe S. 16) oder „Provençalischen Apfel-Ziegenkäse-Törtchen“ (siehe S. 45)? Oder einem festlichen Silvestermenü mit „Fasanenbrust im Tannenduft mit Pastinakenpüree“ (siehe S. 75)?

Die Gerichte sind je nach Partyanlass oder Büfettform zusammengefasst. Sie finden Vorschläge sowohl für eine gemütliche Grillparty als auch für ein festliches Galamenü. Sie können Ihre Party unter ein bestimmtes Motto stellen, z. B. eine „Mediterrane Urlaubs-“ oder eine „Exotikparty“. Sie können die einzelnen Gerichte aber auch je nach Geschmack zusammenstellen. Alle basieren auf frischen und natürlichen Aromen und sind dadurch ideal untereinander kombinierbar. Ihrer Fantasie sind keine Grenzen gesetzt!

Steht erst mal das Motto der Party und haben Sie die Gerichte ausgewählt, dann müssen Sie sie nur noch zubereiten. Es graut Ihnen bei dem Gedanken, für so viele Leute zu kochen? Sie haben Angst, die gesamte Party in der Küche verbringen zu müssen und Ihren Gästen nur zusehen zu können? Das sind doch nur fadenscheinige Ausreden! Mit einer guten Organisation und ein bisschen Hilfe wird auch die Vorbereitung zum Kinderspiel. Anregungen dazu finden Sie bei den „Tipps und Tricks für die Partyküche" im nächsten Kapitel. Wo kaufe ich was ein? Wann bereite ich was vor? Wie viel muss ich überhaupt vorbereiten? Möchte ich eine Party in Büfettform geben oder eher an einen eingedeckten Tisch laden? Ich persönlich bevorzuge das Büfett, dort kann sich jeder sein Gericht nach Belieben zusammenstellen. Dadurch habe ich mehr Zeit für meine Gäste. Durch welche Dekoration kommt mein Essen am besten zur Geltung? Hier finden Sie auch Dekorationsvorschläge, die Sie mit einfachen Mitteln und Investitionen nachmachen können – schließlich bekommt ein Büfett erst durch ein fantasievolles Gedeck den richtigen Pep.

Die Zubereitung der Speisen sollte Spaß und Freude machen. Laden Sie doch zur Vorbereitung des Essens Freunde ein, die gerne kochen, und bitten sie um Mithilfe. So beginnt die Party schon mit der Vorbereitung (und nebenbei haben Sie eine enorme Arbeitserleichterung!).

Ich verspreche Ihnen, Ihre nächste Party wird jeder gerne in Erinnerung behalten.

Viel Spaß beim Nachkochen und eine gelungene Feier
wünscht Ihnen

Matthias Ruta

Tipps und Tricks für die Partyküche

Sie wollen eine Party mit vielen Gästen veranstalten und wissen nicht, wie Sie das organisieren sollen? Klar, es ist auf jeden Fall ein Unterschied, ob man für die Familie oder einen kleinen Kreis von Freunden kocht, oder ob man über 30 Leute bewirten möchte. Daher mein wichtigster Tipp: Kochen Sie nur, wenn Sie wirklich Lust dazu haben, gerade wenn Sie Gäste einladen und sich präsentieren wollen. Ich brauche niemandem zu erklären, dass eine Aufgabe, die mit einer gewissen Euphorie erledigt wird, sich im Ergebnis widerspiegelt.
Lust ist aber nur die eine Sache, organisieren eine andere. Es stellen sich Fragen wie: „Was koche ich?“, „Wie viel und wann?“, „Wo kaufe ich ein und wo bereite ich alles vor?“. Spätestens an diesem Punkt verlässt viele der Mut, denn eine normale Haushaltsküche ist für so etwas nicht eingerichtet. Machen Sie sich doch einfach einen Ablaufplan und organisieren Sie alles genau durch, dann können Sie schon im Vorfeld aufkommende Platz- und Zeitprobleme aus dem Weg räumen:

Unter welches Motto stelle ich meine Party? Peppen Sie Ihren Geburtstag doch mit Ihrem letzten Urlaubsbesuch in Spanien auf, und stellen Sie Ihre Party unter das mediterrane Motto. Oder feiern Sie Silvester im exotischen Stil. Suchen Sie einige Gerichte aus, bei denen Sie sich sicher fühlen, und nehmen Sie andere, die Sie zum ersten Mal ausprobieren. Drei Viertel der Gerichte sollten nicht allzu viel Zeit in Anspruch nehmen. Ein Viertel darf ruhig etwas aufwändiger sein, sie werden die Highlights des Büfetts. Eine „Spanische Kräutertortilla“ (siehe S. 47) z. B. ist eine schnelle Sache. Sie lässt sich einfach herstellen und hat einen hohen Sättigungsgrad. „Provençalische Apfel-Ziegenkäse-Törtchen“ (siehe S. 45) sind schon etwas zeitintensiver und müssen warm serviert werden. Schreiben Sie sich eine Liste mit den ausgewählten Gerichten, und schauen Sie, welche sich früh vorbereiten lassen und welche erst à la Minute gemacht werden. Welche müssen kühl gestellt werden, wie viel Platz nehmen sie ein und welche können draußen gelagert werden? Können Sie einige Gerichte parallel zubereiten? Schreiben Sie sich die ungefähren Zeiten der Zubereitung auf, dann können Sie sehen, wie viel Zeit Sie insgesamt benötigen. Ist die Arbeit nicht alleine zu bewältigen, laden Sie doch ein paar Freunde zum Kochen ein, und veranstalten Sie eine kleine „Vorparty“. Dann macht sogar die Vorbereitung Spaß.

Wann veranstalte ich die Party? In den kalten Monaten brauchen Sie sich nicht um die Kühlung der Speisen zu kümmern. Da reicht es, die Lebensmittel abgedeckt draußen stehen zu lassen. Bei einer Gartenparty im Hochsommer sieht es schon anders aus. Wohin mit dem Fleisch oder Fisch zum Grillen? Das Gleiche gilt für Salate, Saucen und kalte Platten. Wir wollen die guten Sachen ja nicht in der Sonne verkommen lassen. Wenn Ihre Kühlkapazität nicht ausreicht, hilft vielleicht ein Nachbar aus. Oder leihen Sie sich doch einen zweiten Kühlschrank. Dies wird mittlerweile von vielen Partyservices angeboten. Dort können Sie auch Tische, Stühle, Geschirr, mobile Getränkestationen und transportable Kühlanlagen mieten. Lassen Sie sich ruhig von einem Profi bei der Organisation helfen, wenn Sie merken, dass Ihnen alles zu viel wird.

Wie viel muss ich kochen? Wird das Angebot von den Gästen angenommen? Die große Angst ist immer, man habe zu wenig, dabei hat man eigentlich immer zu viel vorbereitet. Auch ich als Profi stelle mir ab und zu diese Fragen (bei meinen eigenen Privatpartys), und das nach 15 Jahren Berufserfahrung. Überlegen Sie einmal, wie viel Sie selbst auf einer Party essen. Meistens von allem ein bisschen. Ein wenig Vorspeise, etwas Hauptgang und zum Schluss ein Dessert. Angenommen, Sie haben 20 Gäste eingeladen und es gibt nur einen Gang, z. B. „Knusperzander und vanilliertes Sommergemüse“ (siehe S. 77), dann kochen Sie 20 Portionen. Nimmt man nun einen zweiten Gang hinzu, z. B. „Gebratene Perlhuhnbrust und Balsamico-Chicorée“ (siehe S. 76), braucht man von jedem Gericht nur die Hälfte der Menge. Bei einem dritten Gericht nur ein Drittel usw. Reduzieren Sie aber nur die Menge, nicht die Portionen, Sie wollen doch, dass jeder probieren kann. Dazu noch Salate, Vorspeisen und Desserts, und Ihr Galamenü für die Hochzeit oder die Jubiläumsfeier ist perfekt.

Wo kaufe ich ein? Brauchen Sie Lebensmittel, die eventuell vorbestellt werden müssen? Sagen Sie Ihrem Metzger Bescheid, welches Fleisch Sie wann frisch benötigen. Gemüse und Früchte besorgen Sie am besten auf dem Markt oder im Supermarkt. Frische Kräuter können Sie als Topfpflanzen kaufen, so halten Sie sich am längsten und sehen dekorativ aus. Sollten Sie ein asiatisches Büffet planen, besuchen Sie doch einfach mal einen Asia-Shop. Dort werden alle erdenklichen exotischen Nudel-, Gemüse- und Gewürzsorten angeboten.

Wie dekoriere ich? Überladen Sie Ihre Tafel nicht, das Allgemeinbild sollte rund erscheinen. Achten Sie ebenfalls darauf, dass ein Büffet nicht „flach“ angerichtet sein sollte. Arbeiten Sie mit „Etagen“. Dazu reichen z. B. leere Bierkisten, die Sie auf die Tafel stellen und mit Tischdecken zudecken. Die Dekoration sollte zum Motto der Party passen. Im Asia-Shop erhalten Sie kleine Fächer und Bambuskörbe für Ihre asiatische Party. Kaufen Sie immer ein wenig mehr Gemüse und Obst für die Dekoration ein. Mit Exotik verbinde ich bunte Blumen wie Orchideen. Beim mediterranen Motto dekoriere ich mit ganzen Kopfsalaten oder kaufe kleine Zypressen, die nachher meine Wohnung verschönern. Schließen Sie einfach die Augen, stellen sich Ihr Partythema vor und überlegen, womit Sie dieses Thema verbinden. Bei einer Gartenparty habe ich mir einmal vom Bauern Strohballen ausgeliehen und auf diesen mein Büffet aufgebaut.
Er lieh mir obendrein noch alte Heugabeln für meine Dekoration. Meine Salate habe ich in neuen Blumentöpfen angerichtet, die mit Folie ausgelegt wurden.

Na, haben Sie schon eine Idee, wie Ihre nächste Party aussehen soll? Dann lesen Sie doch weiter und suchen schon mal die Gerichte aus.

Moderne Küche

Die moderne Küche verbindet Altbekanntes mit neuen Zutaten und Ideen. So mache ich aus der gewöhnlichen Erbsensuppe ein „Cappuccino von Erbsen“, das Ratatouille lasse ich gelieren, die Fischstäbchen werden zu Krokodilsticks und die Lasagne zum süßen Dessert. Mit diesen Variationen erhält auch Ihre Party einen ganz besonderen Pep. Ihre Gäste werden aus dem Staunen nicht mehr herauskommen.

Gazpacho im Glas

(für 4 Personen)

1 Schlangengurke
2–3 Paprikaschoten
300 g geviertelte, reife Tomaten
250 ml Tomatensaft
1 gepresste Knoblauchzehe
50 ml gutes Olivenöl
1 Spritzer Zitronensaft
1 Spritzer Weißweinessig
1 Spritzer Tabasco oder 1 frische Chilischote
Salz, Zucker

Die Gurke schälen, halbieren, mit einem Löffel die Kerne entfernen und in kleine Würfel schneiden. Die Paprikaschoten halbieren, Kerne und Strunk entfernen und ebenfalls in Würfel schneiden. Die Hälfte der Gurken- und Paprikawürfel für die Einlage zurückhalten. Die restlichen Würfel mit den reifen Tomatenvierteln, dem Tomatensaft, Knoblauch und Olivenöl pürieren und anschließend passieren. Mit Salz, Zucker und je einem Spritzer Zitronensaft und Weißweinessig abschmecken. Tabasco nach Gefühl hinzugeben. Wer möchte, nimmt anstelle des Tabascos eine frische Chilischote. Das zurückbehaltene Gemüse in die Gazpacho geben und gekühlt in schönen bauchigen Weingläsern servieren.

Zubereitungszeit: ca. 20 Minuten

Tipp:

- **Gazpacho** nennt man eine kalte Suppe aus Paprika, Gurke, Tomaten, Knoblauch und Öl.
- Da es sehr viele unterschiedlich scharfe Chilischoten gibt, ist es ratsam, eine Schote vorher auf ihre Schärfe zu testen. Die Spitze einer Schote ist der mildeste, das Innere mit den Kernen der schärfste Teil. Ich entferne immer die Kerne, reibe dann mit meinem Finger kurz über die Innenseite und probiere so, wie scharf die Schote ist.

Cappuccino von Erbsen

Die Zwiebelwürfel und den Knoblauch mit der Butter glasig anschwitzen. Die Erbsen hinzufügen, mit der Brühe auffüllen und einige Minuten kochen. Anschließend pürieren und eventuell mit Salz, Pfeffer und Zucker nachschmecken. Die Milch erhitzen und aufschäumen. Dies geht mit einem Zauberstab, einem Küchenquirl oder einem Milchaufschäumer.
Die Erbsensuppe in eine Kaffeetasse füllen, den Milchschaum hinzugeben und servieren.

Zubereitungszeit: ca. 10 Minuten

Tipp:
Die Erbsen sollten nicht zu lange gekocht werden, damit die Suppe ihre schöne grüne Farbe behält.

(für 4 Personen)

1 gewürfelte Zwiebel
1 gehackte Knoblauchzehe
50 g Butter
250 g tiefgefrorene Erbsen
1/2 l Gemüsebrühe
100 ml Milch
Salz, Pfeffer
Zucker

kochduell

Lammcarrée auf Ananaskohl

Das Lammcarrée mit Salz würzen und mit Öl von beiden Seiten anbraten. Im Ofen bei 80 °C mindestens 10 Minuten ruhen lassen. Den Speck in grobe Stücke schneiden und in wenig Öl anbraten. Den Weißkohl vierteln, den Strunk entfernen und die Blätter in kleine Stücke zerteilen. Dem Speck hinzufügen. Etwas Butter hinzugeben und den Weißkohl so lange anschwitzen, bis er sich leicht bräunlich verfärbt. Mit Kokosmilch ablöschen und mit Kreuzkümmel, Salz, Pfeffer und etwas Zucker abschmecken. Die Ananas schälen, vierteln, vom Strunk befreien und klein geschnitten dem Weißkohl beifügen.
Das Lamm am Stück auf dem Ananaskohl anrichten. Die Knochen sollten nach oben schauen. Mit den Ananasblättern dekorieren.

(für 4 Personen)

650 g Lammcarrée
Öl
100 g durchwachsener Speck
1 Weißkohl
Butter
200 ml Kokosmilch
Kreuzkümmel
1 kleine Ananas
Salz, Pfeffer
Zucker

Zubereitungszeit: ca. 45 Minuten

Krokodilsticks auf Mangochutney

(für 4 Personen)

600 g Krokodilfleisch
Mehl zum Panieren
2 verquirlte Eier zum Panieren
150 g Paniermehl
150 g gemahlene Pistazien
Öl
1 Zitrone
2 weiche Mangos
2 rote Paprikaschoten
Weißwein
1 Chilischote
Salz, Pfeffer
Zucker

Das Krokodilfleisch in Fischstäbchengröße schneiden, mit Salz und Pfeffer würzen, anschließend panieren. Dazu das Fleisch durch das Mehl, die verquirlten Eier und zuletzt durch ein Gemisch von Paniermehl und Pistazien wälzen. Durch die Pistazien erhalten die Krokodilsticks einen interessanten Geschmack und eine schöne Farbe. Die Krokodilstäbchen nun in einer Pfanne mit Öl und Scheiben von der Zitrone braten. Die Mangos schälen, das Fleisch vom Kern lösen und in kleine Würfel schneiden. Die Paprikaschoten halbieren, entkernen und ebenfalls würfeln. Beides in einer Pfanne mit Öl anschwitzen, mit Weißwein ablöschen und mit Salz und Zucker würzen. Zuletzt die klein geschnittene Chilischote hinzufügen. Die Sticks werden auf dem Gemüse angerichtet.

Zubereitungszeit: ca. 25 Minuten

Tipp:

- Die Krokodilsticks wie bei einem Mikadospiel wild auf dem Gemüse verteilen. Eine kontrollierte Unordnung beim Anrichten wirkt viel interessanter.
- Alternativ kann auch jede feste weiße Fischsorte verwendet werden. Aber sind „Krokodilsticks“ nicht viel origineller als „Fischstäbchen“?

Rucolasalat mit gebratenen Birnen

Den Rucolasalat waschen, mit Öl und Essig marinieren und mit Salz und Pfeffer abschmecken. Wem dies zu sauer schmeckt, gibt noch eine Prise Zucker hinzu. Die Birnen waschen, in fingerdicke Scheiben schneiden und in einer Pfanne mit Öl anbraten, bis sie goldbraun sind. Zuletzt die Pinienkerne zufügen und goldgelb rösten.
Den Salat abwechselnd mit den gebratenen Birnen und den getrockneten Tomaten schichten. Die gerösteten Pinienkerne lose über den Salat geben.

Zubereitungszeit: ca. 15 Minuten

(für 4 Personen)

250 g Rucolasalat
Olivenöl
Balsamicoessig
4 Birnen
Öl
50 g Pinienkerne
50 g getrocknete Tomaten
Salz, Pfeffer
evtl. Zucker

kochduell

Engelshaar in Parmesan-Taschen

(für 4 Personen)

100 g frisch geriebener Parmesan
250 g grüner Spargel
feiner, gelber Friséesalat
250 g Cocktailtomaten
Olivenöl
Balsamicoessig
Salz, Pfeffer

Den Parmesan in einer ungefetteten, heißen Pfanne gleichmäßig und dünn verteilen. Sobald der Käse geschmolzen ist, die Pfanne zur Seite stellen und einige Sekunden warten. Dann den noch warmen Käsecrêpe zum Erkalten über ein Nudelholz legen, damit er die Taschenform erhält. Den grünen Spargel in kochendes, gesalzenes Wasser geben und blanchieren, anschließend in Eiswasser abschrecken. Den gelben Friséesalat waschen und in Stücke zupfen. Die Parmesan-Tasche mit dem Salat, den Cocktailtomaten und dem grünen Spargel füllen. Aus Olivenöl, Balsamicoessig, Salz unf Pfeffer ein Dressing herstellen und kurz vor dem Servieren über den Salat träufeln.

Zubereitungszeit: ca. 40 Minuten

Tipp:

- **Engelshaar** nennt man die feinen inneren, gelben Blätter des Friséesalats. Sie schmecken zarter als die äußeren, grünen Blätter.
- Wichtig ist, den Parmesan auch wirklich frisch zu reiben, denn dieser lässt sich besser als bereits geriebener Käse zu den Taschen verarbeiten.

Chilinudeln mit Feta und Limonen

Die Nudeln in einem Topf mit kochendem, gesalzenem Wasser al dente kochen. Während des Kochens langsam umrühren, damit die Nudeln nicht verkleben. Anschließend abgießen. Das Chiliöl mit Knoblauch und Rosmarin in einer Pfanne erhitzen und die Limonen mit der angeschnittenen Seite darin anbraten. Den Fetakäse darin kurz erwärmen, die Limonen wieder herausnehmen und die Nudeln im Sud schwenken. Mit etwas Limonensaft beträufeln. Zuletzt das grob gehackte Basilikum zugeben. Das Ganze auf einem tiefen Teller servieren und mit frischen Kräutern und Limonenscheiben dekorieren.

Zubereitungszeit: ca. 25 Minuten

Tipp:
Udon-Nudeln sind dicke weiße Nudeln aus Buchweizenmehl. Gerichte mit diesen Nudeln sind sehr variabel und werden von den Japanern als leichte Mahlzeit geschätzt.

(für 4 Personen)

500 g Udon-Nudeln (Asia-Shop)
1 EL Chiliöl (Asia-Shop)
1 gehackte Knoblauchzehe
1 TL frischer Rosmarin
2 halbierte Limonen
200 g gewürfelter Fetakäse
etwas frisches Basilikum
frische Kräuter zum Dekorieren

Shiitake-Risotto

(für 4 Personen)

1 fein geschnittene Zwiebel
Olivenöl
50 g Butter
200 g Risottoreis
200 ml Weißwein
1 l Hühnerfond oder Gemüsebrühe (Convenience)
20 g geriebener Parmesan
500 g Shiitake-Pilze
1 Bd. Thai-Basilikum
Salz, Pfeffer

Die Zwiebelwürfel mit Olivenöl und Butter in einem Topf glasig dünsten. Den Reis hinzufügen, mit Weißwein ablöschen und mit einem Teil der Brühe auffüllen. Unter ständigem Rühren das Risotto garen. Wenn die Flüssigkeit vollständig vom Reis aufgenommen ist, weitere Brühe hinzufügen. Das Risotto sollte bissfest und cremig sein. Erst dann den Parmesan hinzufügen und das Ganze mit Salz und Pfeffer abschmecken. Die Shiitake-Pilze in einer Pfanne mit Öl anschwitzen, mit Salz und Pfeffer würzen und dem Risotto hinzufügen. Erst kurz vor dem Servieren das gezupfte Basilikum unterheben, da dieses schnell die schöne frische Farbe verliert.

Zubereitungszeit: ca. 40 Minuten

Tipp:
Es gibt eine unübersehbare Anzahl verschiedener Sorten oder Arten von Basilikum. Das Thai-Basilikum zeichnet sich durch einen süßen Anis-Geruch aus und hat einen besonders würzigen Geschmack. Statt des Thai-Basilikums kann natürlich auch das gewohnte mitteleuropäische Basilikum verwendet werden.

Leicht geliertes Ratatouille

Die Zucchini, Aubergine und Paprika in kleine Würfel schneiden und mit der Knoblauchzehe in einer heißen Pfanne mit Öl anbraten. Mit dem Tomatensaft ablöschen und anschließend mit Salz, Pfeffer, Curry und etwas Kreuzkümmel würzen. Die in kaltem Wasser eingeweichte und ausgedrückte Gelatine hinzufügen. Vorsichtig verrühren. Das Ganze in ein Einweckglas füllen und mindestens eine Stunde kühl stellen, bis ein Gelee entsteht. Kurz vor dem Servieren mit dem Friséesalat dekorieren.

Zubereitungszeit: ca. 20 Minuten
Kühlzeit: mind. 1 Stunde

Tipp:
Das Ratatouille kann auch sehr gut schon am Vortag zubereitet werden. Ohne Gelatine können Sie das Gemüse auch warm servieren.

(für 4 Personen)

1 Zucchini
1 Aubergine
1 Paprikaschote
1 gehackte Knoblauchzehe
Öl
200 ml Tomatensaft
Curry
Kreuzkümmel
2 Blatt Gelatine
Salz, Pfeffer
Friséesalat zum Dekorieren

kochduell

Mascarpone-Papaya-Lasagne

Aus Milch, Zucker, Mehl und den Eiern einen Crêpeteig herstellen. In einer Pfanne dünne, kleine Pfannekuchen backen. Den Mascarpone mit Zitronensaft und Kaffeelikör abschmecken.
Die Papayas schälen, halbieren, von den Kernen befreien und klein schneiden. In einer Pfanne mit Zucker kurz karamellisieren. Nun Crêpe, Papaya und Mascarpone wie eine Lasagne schichten und kalt stellen.

Zubereitungszeit: ca. 20 Minuten

(für 4 Personen)

250 ml Milch
200 g Zucker
250 g Mehl
2 Eier
250 g Mascarpone
Zitronensaft
Kaffeelikör
2 Papayas
ca. 100 g Zucker zum Karamellisieren

Bananentoast@Rosmarin

(für 1 Person)

etwas Butter und Zucker
2 Scheiben Toast
1 Banane
20 ml Honig
1 TL frischer Rosmarin
1/8 l Sahne
1 Spritzer Zitronensaft

In einer Pfanne Butter erhitzen und etwas Zucker hinzugeben. Dann die Toastscheiben darin goldgelb bräunen. Die geschälte Banane der Länge nach in Streifen schneiden. In einer heißen Pfanne mit der Hälfte des Honigs erhitzen, etwas klein geschnittenen Rosmarin hinzugeben und die Bananenstreifen darin karamellisieren lassen. Die Sahne cremig schlagen und mit Zitronensaft und dem restlichen Honig abschmecken. Hier ebenfalls etwas zerkleinerten Rosmarin hinzufügen.
Auf einer gebräunten Toastscheibe die Bananen verteilen, etwas Sahnecreme dazugeben und mit der anderen Toastscheibe abschließen. Sofort servieren, da der Toast sonst aufweicht.

Zubereitungszeit: ca. 15 Minuten

Tipp:
Frischer Rosmarin lässt sich immer gut mit frischen Früchten kombinieren.

Exotische Vielfalt

Im folgenden Kapitel präsentiere ich Ihnen Anregungen und Ideen für eine Party im Ethno-Stil. Ganz gleich, ob Sie die nächste Geburtstagsfeier auffrischen oder der Silvesterparty ein außergewöhnliches Ambiente verleihen wollen, mit diesen Gerichten schicken Sie Ihre Gäste auf eine weite Reise in die exotische Vielfalt.

Hühnchensatay und Papayasalat

(für 4 Personen)

2 Hühnchenfilets
4 Stangen Zitronengras
1 TL frisch gemahlener Ingwer
1 Pr. Kreuzkümmel
2 fein gehackte Knoblauchzehen
Butter
2 Papayas
1 Bd. frischer Koriander
Saft einer Orange
1 Chilischote
Salz

Die Hühnchenfilets in lange Streifen schneiden und in gleicher Anzahl auf die Zitronengräser spießen. Mit dem gemahlenen Ingwer, dem Kreuzkümmel, der Hälfte des Knoblauchs und etwas Salz würzen. In einer Pfanne mit Butter ca. 6–8 Minuten langsam garen.
Die Papayas schälen, halbieren und die Kerne entfernen. In feine Würfel schneiden und mit dem restlichen Knoblauch, dem fein gehackten Koriander, dem Saft der Orange und der klein geschnittenen Chilischote abschmecken. Die Satayspieße auf dem Salat anrichten und mit etwas frischem Koriander dekorieren.

Zubereitungszeit: ca. 35 Minuten

Knusprige Geflügel-Tacos

Die Wan-Tan-Blätter in 180 °C heißem Öl frittieren und dabei das Gebäckstück mit einem Holzlöffel in die typische Tacoform bringen. Das Hühnchenfilet mit Sojasauce bestreichen und mit etwas Speisestärke bestäuben. In einer heißen Pfanne mit Öl anbraten. Den Apfel in Spalten schneiden und kurz in der Pfanne mitbraten. Die Tacos mit Rucolasalat, den gebratenen Hühnchenstreifen und den noch warmen Apfelspalten füllen.

Zubereitungszeit: ca. 35 Minuten

Tipp:
Die Speisestärke verhindert das Austreten des Fleischsaftes beim Braten. Dadurch bleibt das Hühnchen zart und saftig.

(für 2 Personen)

4 Wan-Tan-Blätter
Öl zum Frittieren
1 Hühnchenfilet, in feine Streifen geschnitten
Sojasauce
Speisestärke
1 Apfel
250 g Rucolasalat

kochduell

Limonen-Lachs im Bananenblatt

(für 4 Personen)

100 g Basmatireis
6 Limonenblätter
2 Limonen
4 Lachsfilets à 80 g
4 Bananenblätter
Salz, Pfeffer

Den Basmatireis mit Wasser aufsetzen (Wasser und Reis im Verhältnis zwei zu eins). Zwei Limonenblätter hinzufügen. Bei starker Hitze 5 Minuten kochen, den Herd ausmachen, einen Deckel auf den Topf geben und den Reis noch 10–15 Minuten quellen lassen, bis er bissfest ist. Anschließend mit etwas abgeriebener Limonenschale und dem Saft der Limonen abschmecken. Die Limonenblätter herausnehmen, denn sie werden nicht mitgegessen, sondern dienen nur der Aromatisierung. Sie geben dem Reis eine erfrischende Note.
Die Lachsfilets mit Salz und Pfeffer würzen, und anschließend je ein Filet in ein Bananenblatt mit etwas Reis und einem frischen Limonenblatt geben. Das Bananenblatt zuklappen und eventuell mit Zahnstocher befestigen. Nun kann der Lachs im Ofen bei 100 °C ca. 10 Minuten gegart werden. Alternativ kann man die Lachstaschen auch grillen. Aber Vorsicht! Ein zu heißer Grill verbrennt die Bananenblätter. Sie sollten die grüne Farbe beibehalten. Der Lachs wird im Bananenblatt auf dem Reis serviert.

Zubereitungszeit: ca. 35 Minuten

Tipp:
- Limonenblätter oder Kaffirblätter sind im Asia-Shop erhältlich. Sie werden meistens als Strauch frisch angeboten. Die Blätter können sehr gut eingefroren werden.
- Bananenblätter sind zum Verzehr nicht geeignet.

kochduell

Tandoori-Garnelen mit Minzrelish

Die Garnelenschwänze von der Schale befreien, mit Knoblauch, Tandooripaste oder -gewürz und geriebener Limettenschale einreiben. In einer heißen Pfanne mit Öl ca. 5 Minuten anbraten, bis sie knallrot werden. Die Gurke schälen, der Länge nach halbieren und mit einem Löffel die Kerne entfernen. Anschließend in feine Würfel schneiden und mit Limettensaft beträufeln. Minze, Koriander, Ingwer und Kokosmilch hinzugeben. Abschmecken mit etwas Salz und Zucker. Die Garnelen auf dem Relish in tiefen Tellern oder in kleinen Tassen servieren.

Zubereitungszeit: ca. 25 Minuten

Tipp:
Tandooripaste ist ein „feuchtes Gewürz" und besteht aus verschiedenen Kräutern und Gewürzen wie Ingwer, Knoblauch, Chili, Kreuzkümmel, Koriander, Kurkuma, Muskatnuss, Salz und Pfeffer. Tandoorigewürz besteht aus getrockneten Gewürzen.

(für 4 Personen)

12 Garnelenschwänze
1 zerdrückte Knoblauchzehe
Tandooripaste oder -gewürz (Asia-Shop)
1 Limette
Öl
1 Schlangengurke
1 TL fein geschnittene Minze
1 TL fein geschnittener Koriander
1 TL geriebener frischer Ingwer
ca. 250 ml Kokosmilch
Salz
Zucker

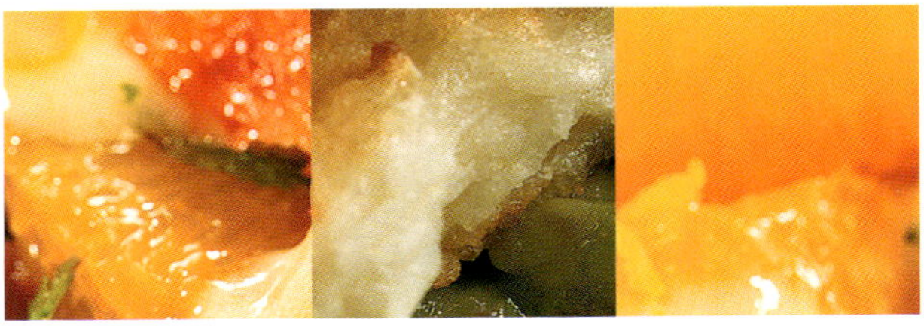

Kreolische Fish and Chips

(für 4 Personen)

600 g Rotbarschfilet
100 g Kokosraspeln
50 g Stärke
2 Eier
300 g Süßkartoffeln
Rosmarinzweige
Öl zum Frittieren
1 Ananas
50 ml Weißwein
Salz, Pfeffer

Rotbarschfilet in Stücke schneiden und mit Salz und Pfeffer würzen. Aus den Kokosraspeln, Stärke und Eiern einen zähflüssigen Teig herstellen. Mit etwas Salz abschmecken. Die Rotbarschstücke darin tauchen. Die Kartoffeln waschen und mit der Schale in Scheiben schneiden. Nun einen langen Rosmarinzweig nehmen, von den unteren Blättern befreien und abwechselnd ein Fischstück und eine Kartoffelscheibe darauf spießen. Die Spieße bei 180 °C in Öl ausbacken. Die Ananas schälen, vierteln und den Mittelstrunk entfernen. In feine Würfel schneiden und mit Weißwein und fein gehacktem Rosmarin erhitzen, bis ein Confit (konfitürenähnliche Konsistenz) entsteht. Die Spieße darauf noch warm anrichten.

Zubereitungszeit: ca. 35 Minuten

Tipp:
Anstatt des Rotbarschs kann auch Lachs verwendet werden. Dieser kann auch kalt serviert werden.

Gratinierte Tamarillos mit Pecanusskruste

Die Tamarillos (siehe S. 71) schälen, würfeln und in eine Auflaufform geben. Die Eier trennen, das Eigelb und die Hälfte des Zuckers mit den gemahlenen Pecanusskernen cremig schlagen. Den Zitronensaft hinzufügen. Das Eiweiß mit dem restlichen Zucker zu Schnee schlagen und unterziehen. Zuletzt die gehackte Minze vorsichtig unterheben. Die Gratinmasse auf die Tamarillowürfel geben und im Ofen bei 240 °C gratinieren. Das Gratin darf ruhig eine dunkle Bräunung erhalten.

(für 4 Personen)

4 Tamarillos
3 Eier
125 g Zucker
ca. 200 g Pecanusskerne (gemahlen)
Saft von 2 Zitronen
1 TL gehackte Minze

Zubereitungszeit: ca. 20 Minuten

Tipp:
Natürlich kann man die Nüsse und die Früchte variieren.

Süßes Kartoffelgratin

Die Süßkartoffeln schälen und in feine Scheiben schneiden. In einer hitzebeständigen Form schichten. Die restlichen Zutaten zu einer Sauce verrühren und mit dem Honig auf die gewünschte Süße abschmecken. Ruhig kräftig süßen, da Kartoffeln eine Menge des Geschmacks aufnehmen. Die Sauce auf die Kartoffeln geben und im Ofen bei 200 °C ca. 25 Minuten garen. Anschließend lauwarm servieren.

(für 4 Personen)

500 g Süßkartoffeln
250 ml Kokosmilch
250 ml Sahne
Mark einer Vanilleschote
abgeriebene Schale und Saft einer Limone
Honig zum Süßen

Zubereitungszeit: ca. 20 Minuten
Garzeit: ca. 25 Minuten

Tipp:
Hierzu passt Schokoladen- oder Vanillesauce.

Kokosweißbrot-Guacamole-Tower

Eiweiß zu Schnee schlagen, Mehl und die Kokosflocken unterheben. Die Toastscheiben diagonal halbieren, einmal in den Eischnee tunken und in einer Pfanne mit geschmolzener Butter von beiden Seiten goldgelb backen. Auf einem Küchenkrepp auskühlen lassen, damit das überschüssige Fett abtropfen kann. Für die Guacamole die Avocados halbieren, den Kern entfernen und das Fruchtfleisch mit einem Löffel herausnehmen. Mit einer Gabel zerdrücken. Die klein geschnittene Chilischote, die gehackte Knoblauchzehe und den geschnittenen Koriander zugeben und mit Limonensaft und Salz abschmecken. Auf eine Toastscheibe etwas Guacamole geben, eine zweite Toastscheibe versetzt darauf setzen. Zum Abschluss wieder etwas Guacamole darauf geben.

(für 4 Personen)

2 Eiweiß
20 g Mehl
50 g Kokosflocken
4 Toastscheiben
Butter
2 weiche Avocados
1 Chilischote
1 Knoblauchzehe
1 Bd. Koriander
Saft einer Limone
Salz

Zubereitungszeit: ca. 30 Minuten

Tipp:
Der Limonensaft gibt hier einen typischen Geschmack, den man mit Zitronensaft nicht erzielen kann.

kochduell

Zitrussalat mit Caipirinhaschaum

(für 4 Personen)

1 Orange
1 Grapefruit
1 Blutorange
frische Minze oder Zitronenmelisse
2 Limonen
150 g Zucker
2 Eier
50 ml Cachaça

Die Orange, Grapefruit und Blutorange mit dem Messer schälen, filetieren und vermengen. Etwas Minze oder Melisse klein schneiden und unter die Zitrusfilets heben. Je nach Geschmack mehr oder weniger der Kräuter verwenden. Ebenso nach Belieben noch mit Zucker süßen. Die Limonen auspressen und den Saft mit dem Zucker, den Eiern und dem Cachaça in einen Topf geben, erhitzen und währenddessen mit einem Schneebesen zu einer Creme rühren. Diese anschließend noch warm über den Salat geben.

Zubereitungszeit: ca. 20 Minuten

Tipp:

- Natürlich kann man die Zitrusfrüchte nach Geschmack variieren. Nur die Limonen sollte man nicht ersetzen, da sie im Vergleich zur Zitrone einen leicht süßlichen Geschmack haben.
- Cachaça ist übrigens ein brasilianischer Zuckerrohrschnaps und wird für den klassischen Caipirinha verwendet.

Gegrillte Ananas mit gefrorenen Aromen

(für 4 Personen)

1 mittelgroße Ananas
100 ml weißer Rum
200 g brauner Zucker
1 TL frischer Rosmarin
2 sehr weiche Mangos
2 fein geschnittene Kaffirblätter (Asia-Shop)
150 ml Maracujasaft
1 Msp. Ingwerpulver

Die Ananas schälen, den Strunk entfernen und in Spalten schneiden. Mit dem Rum, Zucker und fein geschnittenen Rosmarin kurz marinieren. In der Zwischenzeit die Mangos schälen, entkernen, in kleine Stücke schneiden und mit den restlichen Zutaten in einem Mixer pürieren. Sollten Sie im Besitz einer Eismaschine sein, die Mango-Masse einfüllen und frieren. Andernfalls das Ganze in einem Gefäß ca. 2 Stunden im Gefrierfach frieren.
Die Ananas im Backofen bei 250 °C karamellisieren. Noch besser wäre, die Ananas auf einem Elektro- oder Holzkohlegrill zu garen, dann erhält sie das typische Grillmuster. Die gegrillte Ananas auf einen Teller geben und das frisch gefrorene Eis hinzufügen.

Zubereitungszeit: ca. 20 Minuten
Kühlzeit: ca. 2 Stunden

Tipp:

- Kaffirblätter sind auch als Zitronenblätter bekannt. Sie verlieren sehr schnell an Geschmack und sollten daher frisch verwendet oder in der Tiefkühltruhe aufbewahrt werden.
- Das Eis möglichst nicht zu kalt servieren. Es sollte einen zarten Schmelz haben und im Mund auf der Zunge zergehen. Wurde das Eis im Gefrierfach gefroren, einfach für ca. 10 Minuten in den Kühlschrank stellen.

Mediterrane Sommerparty

Denken Sie nicht auch noch gerne an den letzten Urlaub in Frankreich, Italien oder Spanien zurück? An die leckeren landestypischen Köstlichkeiten? Mit den folgenden Gerichten können Sie das Urlaubsfeeling nach Hause holen, z. B. auf einer Grillparty mit mediterranem Flair. So wird auch der Sommer daheim zum reinsten Ferienvergnügen. Und natürlich schmecken die Gerichte im Winter genauso gut.

Lammconfit auf Bohnen

(für 4 Personen)

400 g Lammrücken
Olivenöl
Sojasauce
Kreuzkümmel
Balsamicoessig
3 rote Zwiebeln, in Scheiben geschnitten
100 g dicke Bohnenkerne
100 g grüne Bohnen
etwas Butter
1/2 TL Bohnenkraut
Salz, Pfeffer

Den Lammrücken in Würfel schneiden und in einer heißen Pfanne mit Olivenöl anbraten. Mit Sojasauce, Kreuzkümmel und Balsamicoessig abschmecken und die roten Zwiebelscheiben hinzugeben. Das Ganze noch ein paar Minuten braten. Die dicken Bohnenkerne in kochendem Wasser blanchieren und von der weißen Haut befreien. Die grünen Bohnen ebenfalls blanchieren. Anschließend beides in Butter schwenken und das Bohnenkraut hinzufügen. Mit Salz und Pfeffer würzen. Das Lammconfit in die Mitte des Tellers geben und die Bohnen locker außen herum anrichten.

Zubereitungszeit: ca. 45 Minuten

Pollo tonnato

Das Geflügel mit Salz und Pfeffer würzen und in einer Pfanne mit Butter von beiden Seiten anbraten. In einem Ofen ca. 30 Minuten bei 140 °C langsam garen. Die genaue Zeit hängt von der Dicke des Geflügels ab. Geflügel erkalten lassen und dünn aufschneiden. Für die Sauce Mayonnaise mit etwas Kapernsaft verdünnen. Da Kapernsaft sehr salzig ist, vorsichtig portionieren. Kapern, Thunfisch und Mayonnaise mit einem Mixer verquirlen. Die gehackte Petersilie zuletzt unterheben. Die Sauce anschließend über die geschnittene Geflügelbrust geben.

Zubereitungszeit: ca. 10 Minuten
Gar- und Kühlzeit: ca. 1 Stunde

(für 4 Personen)

500 g Geflügelbrust (Puten- oder Hühnchenbrust)
Butter zum Braten
250 g Mayonnaise
50 g Kapern (im Glas)
50 g Thunfisch
2 EL gehackte Blattpetersilie
Salz, Pfeffer

Tagliatelle mit Hühnchen und Pfefferschaum

Die Tagliatelle in Salzwasser al dente kochen. In der Zwischenzeit das Hühnchenfilet schnetzeln, mit Salz und Pfeffer würzen und in einer heißen Pfanne mit Öl goldbraun anbraten. Die gewaschenen und geschnittenen Frühlingszwiebeln hinzugeben und kurz mitbraten. Sahne und Butter mit etwas Saft der eingelegten Pfefferkörner in einem Topf zum Kochen bringen, fein geschnittenen Rosmarin hinzufügen und einkochen. Das Geschnetzelte auf den Teller geben und die Nudeln mit der Sauce locker darauf anrichten. Mit Rosmarinzweigen dekorieren.

Zubereitungszeit: ca. 25 Minuten

(für 4 Personen)

400 g Tagliatelle
500 g Hühnchenfilet
Öl
1 Bd. Frühlingszwiebeln
1 Becher Sahne
30 g Butter
eingelegter grüner oder roter Pfeffer
1 Bd. frischer Rosmarin
Salz, Pfeffer

kochduell

Provençalische Apfel-Ziegenkäse-Törtchen

Die Äpfel schälen und in fingerdicke Scheiben schneiden. In einer Pfanne mit Öl goldgelb braten. Den Ziegenkäse halbieren und mit Apfelscheiben abwechselnd schichten. Im Ofen bei ca. 100 °C ungefähr 15 Minuten erwärmen. Die Tomate vierteln, entkernen und in kleine Würfel schneiden. Die Pinienkerne in einer Pfanne ohne Öl bräunen, Knoblauch, Kräuter und Tomatenwürfel hinzugeben und kurz erwärmen. Mit Salz, Pfeffer und Zucker abschmecken. Die Knoblauchknollen halbieren und kurz anbraten. Die Tomatenwürfel und die Knoblauchhälften zu den Ziegentörtchen servieren.

Zubereitungszeit: ca. 20 Minuten

Tipp:

Der Ziegenkäse wird nur erwärmt, er darf nicht schmelzen. Ein warmer Käse entfaltet einen anderen Geschmack als kalter.

(für 4 Personen)

2 Äpfel
Öl
4 kleine Ziegenkäse
1 Tomate
30 g Pinienkerne
1 zerdrückte Knoblauchzehe
ca. 1 TL gehackter frischer Thymian
ca. 1 TL gehackter frischer Rosmarin
2 Knoblauchknollen
Salz, Pfeffer
Zucker

kochduell

Spanische Kräutertortilla

Die Kartoffeln schälen, in Scheiben schneiden und mit den Zwiebeln und den verquirlten Eiern vermengen. Mit Salz, Pfeffer und Muskat abschmecken. Die Kartoffeln und Zwiebeln sollten von der Eimasse vollständig bedeckt sein. Zuletzt die frischen, gehackten Kräuter hinzufügen. Je nach Geschmack können die Kräuter variiert werden. Das Ganze anschließend in eine Pfanne mit ein wenig Öl geben und ca. 5 Minuten langsam anbacken. Die Pfanne darf bis obenhin gefüllt sein. Dann die Tortilla bei 140 °C für 30 Minuten im Ofen fertig garen. Zum Testen der Tortilla vorsichtig mit dem Finger darauf drücken. Wenn sie sich fest anfühlt, ist sie gar. Schwappt sie noch ein wenig, lieber noch ein bisschen ziehen lassen. Zum Anrichten aus der Pfanne stürzen und heiß oder kalt servieren.

Zubereitungszeit: ca. 15 Minuten
Garzeit: ca. 30 Minuten

(für 4 Personen)

4 mittelgroße Kartoffeln
4 Zwiebeln, in Ringe geschnitten
6–8 Eier
Muskat
2 EL frische Blattpetersilie
1 TL frischer Rosmarin
1 TL frischer Thymian
1 TL frischer Salbei
Salz, Pfeffer

Gegrillter Thunfisch auf Möhren-Koriander-Salat

(für 4 Personen)

800 g Thunfisch
5 große Möhren
100 ml Olivenöl
2 gehackte Knoblauchzehen
1 Bd. grob gehackter Koriander
1 Bd. grob gehackte glatte Petersilie
Salz, Pfeffer
Zucker

Den Thunfisch in Scheiben schneiden, mit Salz und Pfeffer würzen und in einer Grillpfanne mit wenig Öl von beiden Seiten scharf anbraten. Anschließend ca. 10 Minuten langsam weiter garen. Die Möhren schälen, in Stifte schneiden und in Salzwasser bissfest garen. Den noch warmen Möhren das Olivenöl, den Knoblauch, den Koriander und die Blattpetersilie hinzufügen. Mit Salz und ein wenig Zucker abschmecken. Die Möhren erkalten lassen und den gebratenen Thunfisch darauf geben.

Zubereitungszeit: ca. 25 Minuten

Tipp:
Sie können die Möhren auch als Gemüse servieren oder den Thunfisch in Würfel schneiden, wie oben anbraten, erkalten lassen und unter die Möhren heben.

Kürbisgnocchi mit Prosciutto

Den Kürbis und die geschälten Kartoffeln klein schneiden und in einem Topf mit heißem Salzwasser garen. Das Wasser abschütten und das Gemüse ausdämpfen. Zu einem Püree stampfen, das Eigelb hinzugeben und mit dem Mehl andicken. Mit Salz, Pfeffer und etwas Muskat abschmecken. Mit den Händen die Masse zu kleinen Kugeln formen und mit den Zinken einer Gabel leicht eindrücken. So erhält man die typische Gnocchiform. In einem Topf mit kochendem Wasser garen, bis die Gnocchi an die Oberfläche steigen. Anschließend in einer Pfanne mit etwas Butter und den Blättern des Thymians durchschwenken. Den Schinken in einem Ofen bei 220 °C ca. 10 Minuten zu Schinkenchips trocknen. Mit den Gnocchi anrichten.

Zubereitungszeit: ca. 1 Stunde

Tipp:

- Muskatkürbis ist eine besonders würzige Kürbissorte. Selbstverständlich können auch andere Kürbissorten verwendet werden.
- Schinkenchips sind mehrere Tage haltbar.

(für 4 Personen)

250 g Muskatkürbis
250 g mehlig kochende Kartoffeln
1 Eigelb
200 g Mehl
Muskat
etwas Butter
1/2 Bd. frischer Thymian
4 Scheiben Parmaschinken (Prosciutto)
Salz, Pfeffer

kochduell

Rucola-Pizza

Wasser, Hefe, Weizenmehl, Olivenöl, Salz und Zucker mit einer Küchenmaschine zu einem geschmeidigen Teig verarbeiten. Anschließend 30 Minuten gehen lassen.
Fertigen Pizzateig nach Packungsanweisung zubereiten.

Den Teig ausrollen und mit einem Glas kleine Pizzakreise ausstechen. Dünn mit Tomatenmark bestreichen, mit gewaschenem Rucola und geriebenem Mozzarella belegen und mit Salz und Pfeffer würzen. Die Pinienkerne leicht in einer Pfanne ohne Öl rösten und ebenfalls auf die Pizzen streuen. Den Ofen wenn möglich bei Oberhitze auf maximale Temperatur vorheizen und die Pizzen darin etwa 10 Minuten backen, bis der Käse geschmolzen und der Teig knusprig braun ist. Anschließend mit Oregano und Thymian würzen.
Die Pizzen können sowohl kalt als auch heiß serviert werden.

Zubereitungszeit: ca. 20 Minuten
Ruhe- und Backzeit: ca. 40 Minuten

(für 4 Personen)

1 Pk. fertiger Pizzateig
oder:
160 ml warmes Wasser
1 TL Trockenhefe
400 g Weizenmehl
50 ml Olivenöl
5 g Salz
20 g Zucker

1 Dose Tomatenmark
1 Bd. Rucolasalat
1 Tüte geriebener Mozzarella
50 g Pinienkerne
Oregano, Thymian
Salz, Pfeffer

kochduell

Ciabatta mit Tomatenschmelz

Das Ciabatta in Scheiben schneiden. Butter in einer Pfanne erhitzen und die Ciabattascheiben darin goldgelb backen. Auf einem Küchenkrepp erkalten lassen. Olivenöl in der noch heißen Pfanne mit dem Knoblauch erhitzen und die klein geschnittenen Tomaten hinzufügen. Erwärmen, bis ein Confit (konfitüreähnliche Konsistenz) entsteht und mit Salz, Pfeffer und Zucker abschmecken. Frisches Basilikum hinzufügen und zuletzt den Parmesan unterheben. Noch warm auf die Brotscheiben geben.

Zubereitungszeit: ca. 15 Minuten

(für 4 Personen)

1 Ciabattabrot
Butter
Olivenöl
1 fein geschnittene Knoblauchzehe
5 reife Tomaten
1 Bd. frisches Basilikum
50 g geriebener Parmesan
Salz, Pfeffer
Zucker

Tomaten-Mozzarella-Burger

(für 4 Personen)

1 Bd. frisches Basilikum
1 gepresste Knoblauchzehe
50 ml Olivenöl
4 Tomaten
4 Mozzarellas
250 g Rucolasalat
Salz

Aus dem Basilikum, Knoblauch und Olivenöl ein Pesto herstellen, indem Sie einfach alles gut durchmixen. Mit Salz abschmecken. Die Tomaten und den Mozzarella in fingerdicke Scheiben schneiden. Die Mozzarellascheiben mit dem Pesto von beiden Seiten bepinseln. Tomatenscheiben, Rucolasalat und Mozarellascheiben in wiederkehrender Reihenfolge zu einem Burger stapeln. Mit Holzspießen feststecken.

Zubereitungszeit: ca. 20 Minuten

Tipp:
Man kann zum Feststecken auch lange Rosmarinzweige nehmen, die unten von den Blättern befreit werden.

Asia-Büfett

Die asiatische Küche ist in den letzten Jahren auch hierzulande immer beliebter geworden, weil sie leicht und bekömmlich ist, hervorragend schmeckt und viel Abwechslung bietet. In fast jedem asiatischen Restaurant werden Büfetts angeboten, aus deren Angebot sich die Gäste ihre Menüs selbst zusammenstellen können. Stellen Sie doch einfach Ihre nächste Party unter das Motto „Asien" und kombinieren Sie aus den folgenden Gerichten Ihr eigenes interessantes und köstliches Büfett.

Vietnamesische Frühlingsrollen

(für 4 Personen)

200 g Hühnchenbrust
1 EL Oystersauce (Asia-Shop)
1 EL Sojasauce
etwas Sesamöl
1 Bd. Frühlingszwiebeln
ca. 1 Hand voll Sojakeime
1 Bd. Thai-Basilikum
6 Reisblätter
1/2 l Öl zum Frittieren

Die Hühnchenbrust in feine Streifen schneiden, mit den Saucen und einigen Tropfen Sesamöl bestreichen. Im Wok (alternativ auch in der Pfanne) bei hoher Temperatur anbraten. Die Frühlingszwiebeln in Stücke schneiden und mit den Sojakeimen kurz unter das Geflügel ziehen. Das geschnittene Thai-Basilikum (siehe S. 22) hinzugeben. Die Reisblätter in lauwarmem Wasser kurz einweichen (ca. 30 Sek.), anschließend auf ein Küchentuch legen und mit der Füllung versehen. Zu einer Frühlingsrolle drehen und im Fettbad bei 180 °C ausbacken. Man kann die Frühlingsrollen auch in der Pfanne braten oder in einem Dämpfer schonend garen.

Zubereitungszeit: ca. 30 Minuten

Tipp:
Als Sauce kann man Balsamicoessig oder Sojasauce reichen. Im Asia-Shop erhält man süß-saure Sauce, Frucht- oder Erdnusssauce, in die die Frühlingsrollen kurz eingedippt werden.

Gebackene Eier im Honigsud

Tempurateig gibt es als Fertigmischung im Asia-Shop und braucht nur noch mit Wasser angerührt zu werden. Die gepellten hart gekochten Eier halbieren und mit Sojasauce bestreichen. Durch den Tempurateig ziehen und im 180 °C heißen Öl frittieren. Honig mit etwas Wasser verdünnen und in einem kleinen Topf oder einer kleinen Pfanne erwärmen. Klein gehackte Chilischoten hinzufügen und mit einem Teil des gehackten Korianders abschmecken. Die Eier auf einem Teller anrichten und mit der Sauce besprenkeln. Mit dem restlichen Koriander bestreuen.

Zubereitungszeit: ca. 20 Minuten

Tipp:
Tempurateig gibt es in kleinen Tüten oder Päckchen. Man kann ihn auch imitieren, indem man 100 g Mehl und 100 g Speisestärke mit eiskaltem Wasser zu einem dickflüssigen Teig anrührt.

(für 4 Personen)

1 Pk. (ca. 250 g) Tempurateig (Asia-Shop)
Wasser
5 hart gekochte Eier
50 ml Sojasauce
1/2 l Öl zum Frittieren
etwas Honig
2 Chilischoten
1/2 Bd. frischer, gehackter Koriander

kochduell

Koreanische Nudelsuppe

Die Hühnerbrühe mit dem Sternanis, den Ingwerscheiben und der Currypaste einmal aufkochen lassen. Die Nudeln und die Sojakeime hinzufügen und ca. 10 Minuten ziehen lassen. Den Sternanis wieder entfernen. Zuletzt die Frühlingszwiebeln in Scheiben schneiden und mit dem frischen, gehackten Koriander hinzugeben. Eventuell mit etwas Zucker abschmecken. Das Rinderfilet wird in hauchdünne Scheiben geschnitten, auf Suppenteller verteilt und dann mit der heißen Suppe übergossen. Durch die Hitze zieht das zuvor rohe Fleisch sofort durch und bleibt zart.

Zubereitungszeit: ca. 25 Minuten

Tipp:
Currypasten gibt es in verschiedenen Geschmacksvarianten, je nachdem welche Currymischung sie beinhaltet.

(für 4 Personen)

1 l Hühnerbrühe (Fertigprodukt)
4 Sternanis
1 kleine Ingwerwurzel, in Scheiben geschnitten
5 g grüne Currypaste
250 g Nudeln (japanische oder chinesische)
150 g Sojakeime
1 Bd. Frühlingszwiebeln
1 Bd. frischer Koriander
400 g Rinderfilet
evtl. Zucker

Japanische Thunfisch-Nudeln

(für 4 Personen)

400 g Thunfisch
Olivenöl
2 zerdrückte Knoblauchzehen
Sojasauce
2 Tomaten
2 grüne Chilischoten
1/2 Bd. frische Blattpetersilie
1/2 Bd. frischer Koriander
400 g japanische Nudeln (Asia-Shop)
Zucker

Den Thunfisch in Stücke schneiden und in Olivenöl mit Knoblauch anbraten. Anschließend mit etwas Sojasauce ablöschen. Die Tomaten ebenfalls in Stücke schneiden und dem Thunfisch beigeben. Das Ganze nur noch langsam erwärmen, aber nicht mehr kochen lassen. Zuletzt die fein geschnittenen Chilischoten und die grob gehackten Kräuter hinzugeben. Mit etwas Zucker und Sojasauce abschmecken. Die japanischen Nudeln in kochendem Wasser bissfest kochen, abschütten und direkt servieren. Die Thunfisch-Tomaten-Sauce direkt über die Nudeln geben.

Zubereitungszeit: ca. 20 Minuten

Tipp:
Natürlich kann auch jede andere feste Fischsorte, Hühnchen oder anderes Fleisch verwendet werden.

kochduell

Thailändische Fischpastete

Den Fisch mit einem Messer klein schneiden und in einer Küchenmaschine unter Hinzufügen des Eies zu einer glatten Masse verarbeiten. Zuletzt werden die restlichen Zutaten vorsichtig untergehoben. Die Masse mit Salz und Zucker abschmecken. Mit nassen Händen zu kleinen Kügelchen formen und in heißem Öl bei 180 °C frittieren. Die Kügelchen auf einen tiefen Teller setzen und mit Limettenblättern dekorieren.

Zubereitungszeit: ca. 35 Minuten

Tipp:
Zu der Pastete passen sämtliche asiatischen Saucen. Ich persönlich liebe süß-scharfe Saucen und Limonensaucen. Beide Saucen gibt es fertig im Asia-Shop zu kaufen.

(für 4 Personen)

600 g Weißfisch (Zander, Kabeljau oder Schellfisch)
1 Ei
1 TL geschälter und fein gehackter Ingwer
2 fein gehackte Knoblauchzehen
1 EL fein gehackter, frischer Koriander
1 klein geschnittene Chilischote
3 fein geschnittene Limettenblätter/ einige ganze Blätter zum Dekorieren
Öl zum Frittieren
Salz
Zucker

kochduell

Gepfeffertes Tempurahuhn mit Basilikum-Mayonnaise

Den Tempurateig nach Packungsanleitung mit Wasser anrühren. Grob gemahlenen Pfeffer (Menge nach Geschmack) hinzufügen. Die Hühnchenbrust in Streifen schneiden, mit Salz und Pfeffer würzen, durch den Teig ziehen und im tiefen Fett bei ca. 180 °C 3–5 Minuten ausbacken, bis die Streifen goldgelb sind. Basilikum, Knoblauch und Olivenöl mixen. Das Ei in ein Gefäß geben, mit einem Zauberstab verquirlen und langsam das Basilikum-Öl-Gemisch hinzugeben, bis eine cremige Sauce entsteht. Mit Salz und Pfeffer abschmecken.
Das Tempurahuhn wie ein Mikado-Spiel auf dem Teller anrichten, mit frischen Basilikumblättern garnieren und mit der Sauce leicht nappieren (übergießen).

Zubereitungszeit: ca. 30 Minuten

Tipp:
Tempurateig kann man auch selbst herstellen (siehe S. 57).

(für 4 Personen)

1 Pk. (ca. 250 g) Tempurateig (Asia-Shop)
Wasser
grob gemahlener Pfeffer
2 Hühnchenbrustfilets
Öl
1 Bd. Basilikum
1 zerdrückte Knoblauchzehe
150 ml Olivenöl
1 Ei
Salz, Pfeffer

kochduell

Red Snapper auf Kokos-Curry

Den zerdrückten Knoblauch und die Cashewkerne in heißem Öl rösten. Mit Kokosmilch und Brühe ablöschen. Den Ingwer in Stücke schneiden und mit den Limonenblättern hinzugeben. Den Sud ein wenig einköcheln lassen und mit grüner Currypaste (siehe S. 59), eventuell mit Zucker und Sojasauce abschmecken. Das Gemüse klein schneiden, separat anschwitzen und mit dem Sud ablöschen.
Den filetierten Snapper in Portionen schneiden, mit Sojasauce würzen und in einer Pfanne mit Öl auf der Hautseite anbraten. Anschließend wenden und ca. 10 Minuten nachgaren lassen. Zum Anrichten auf das Gemüse geben.

Zubereitungszeit: ca. 35 Minuten

Tipp:

- Der Red Snapper gehört zu der Familie der Meeresbarsche. Er verfügt über eine schöne intensivrote Haut und sehr wohlschmeckendes weißes Fleisch.
- Pak Choi ist ein mit dem Kohl verwandtes Blattgemüse und stammt aus Asien. Es ist sehr nährstoffhaltig.
- Mini-Auberginen sind eine typische Zutat für ein Curry und in jedem gut sortierten Asia-Shop erhältlich.

(für 4 Personen)

2 zerdrückte Knoblauchzehen
100 g Cashewkerne
100 ml Öl
450 ml Kokosmilch
150 ml Brühe
1 frische Ingwerwurzel (ca. 100 g)
5 Limonenblätter
1 EL grüne Currypaste
Sojasauce
2 Pak Choi
12 kleine Mini-Auberginen
1 Kochbanane
750 g filetierter Red Snapper
evtl. Zucker

Sesam-Schwertfisch auf Schmortomaten

(für 4 Personen)

4 Schwertfischsteaks à 150 g
1 EL Sojasauce
einige Tropfen Sesamöl
1 Eiweiß
100 g Sesamkörner
Öl
4 mittelgroße Tomaten
2 gehackte Knoblauchzehen
etwas Honig
10 g grüne Currypaste
½ Bd. gehacktes Thai-Basilikum

Die Schwertfischsteaks mit Sojasauce und Sesamöl bepinseln. Anschließend von einer Seite mit dem Eiweiß bestreichen und die Sesamkörner darauf streuen. In einer heißen Pfanne mit Öl auf der Sesamseite kurz anbraten. Vorsichtig, dass die Sesamkörner nicht verbrennen! Dann den Fisch drehen und in ca. 5–6 Minuten zu Ende braten. Die Tomaten vierteln und in wenig Öl in einer Pfanne schmoren. Den gehackten Knoblauch hinzufügen, mit Honig, Currypaste (siehe S. 59) und etwas Sojasauce abschmecken. Zuletzt das gehackte Thai-Basilikum (siehe S. 22) unterrühren. Den gebratenen Fisch auf den Schmortomaten servieren.

Zubereitungszeit: ca. 25 Minuten

Gedämpfter Kokos-Curry-Kuchen

(für 4 Personen)

160 g Butter
160 g Zucker
4 Eier
160 g Mehl
50 ml Kokosmilch
Zimt
Koriander
Curry
1 Pr. Salz

Butter und Zucker schaumig schlagen. Die Eier einzeln zugeben, das Mehl langsam unterheben und die Kokosmilch hinzufügen. Mit den Gewürzen nach Belieben abschmecken, es sollte aber mindestens eine Messerspitze Zimt und Koriander und vom Curry ruhig noch mehr sein. Den Teig in Tassen oder kleine Porzellanschüsseln füllen und in ein Dampfgerät geben. Über einem Topf mit heißem Wasser ca. 15 Minuten dämpfen. Den Kuchen vorsichtig mit dem Finger eindrücken, bis eine Mulde entsteht. Kommt diese Mulde sofort wieder hoch, ist der Kuchen gar. Im Porzellan servieren.

Zubereitungszeit: ca. 15 Minuten

Tipp:
Anstatt eines Dampfgeräts kann auch ein Dampfkorb aus Bambus (Asia-Shop) verwendet werden. Dies ist eine preiswerte Alternative und sieht außerdem sehr dekorativ aus. Man kann auch Fisch, Fleisch oder Gemüse darin dämpfen.

Exotische Früchte im Aroma-Sud

(für 4 Personen)

Für den Sud:
2 Orangen
2 Zitronen
250 ml Wasser
250 g Zucker
50 g frischer Ingwer
2–3 Sternanis
3 Limonenblätter (oder Zitronengras)
250 ml Pflaumenwein

die Früchte:
1 Mangostane
1 Rambutan
1 Mango

Die Orangen und Zitronen schälen, grob in Stücke schneiden und mit dem Wasser und dem Zucker aufsetzen. Den Ingwer in Scheiben schneiden und mit dem Sternanis und den Limonenblättern dem Sud hinzufügen. Wenn der Sud einmal aufkocht, vom Herd nehmen und mit dem Pflaumenwein ablöschen. Sternanis und Ingwer herausnehmen und den Sud erkalten lassen. Anschließend auch die Orangen, Zitronen und Limonenblätter entfernen.
Die Mangostane und die Rambutan von der Schale befreien und die Kerne entfernen. Die Mango schälen. Das Fruchtfleisch mit einem Messer herunterschneiden und in grobe Stücke zerteilen. Die Früchte in eine Schüssel oder ein Glas geben und großzügig mit dem Sud übergießen. Ca. 1 Stunde kalt stellen.
Die hier aufgeführten Früchte können natürlich nach Geschmack variiert werden.

Zubereitungszeit: ca. 10 Minuten
Kühlzeit: ca. 1 Stunde

Tipp:
Fügen Sie dem Sud Weißwein oder Rum bei und servieren Sie das Ganze als Bowle. Ich füge einer Bowle noch Limonenblätter hinzu, sie geben ihr einen frischen grünen Pep, sehen dekorativ aus und geben einen schönen Geschmack.

Festliches Galadinner

Sie haben es satt, jedes Jahr an Silvester im Fonduegefäß nach Ihrem Fleisch zu suchen? Sie wollen sich für den nächsten runden Geburtstag nicht in Unkosten stürzen, indem Sie einen teuren Partyservice das Essen bringen lassen? In diesem Kapitel habe ich einige ausgefallene Köstlichkeiten für Sie zusammengestellt, die jedes Galamenü abrunden. Sie finden alles vom raffinierten Hauptgang über pfiffige Beilagen bis hin zum köstlichen Nachtisch.

Grüner Spargel mit Orangen-Koriander-Butter

(für 4 Personen)

1 kg grüner Spargel
500 ml frischer Orangensaft
1 Knoblauchzehe, in Scheiben geschnitten
4 Korianderkapseln (Asia-Shop)
200 g Butter
frischer Koriander
Salz
Zucker

Grüner Spargel muss nicht unbedingt geschält werden. Man schneidet lediglich den Strunk ab. Er wird in kochendes Salzwasser gegeben und darin ziehen gelassen, bis er die gewünschte Konsistenz erreicht. Ich persönlich bevorzuge bissfestes Gemüse. Für die Sauce den Orangensaft mit den Knoblauchscheiben und den Korianderkapseln etwa zur Hälfte einkochen lassen, mit Zucker abschmecken und den Sud passieren. Die Butter in kleine Würfel schneiden und mit einem Zauberstab (ein Schneebesen geht auch) montieren. Den frischen Koriander sehr klein hacken und zuletzt unter die Sauce geben.

Als Beilage passen hierzu kleine Pellkartoffeln und ein schöner Parmaschinken.

Zubereitungszeit: ca. 40 Minuten

Tipp:
Unter **Montieren** versteht man das Aufschlagen einer Sauce mit kalter Butter. Sie wird dadurch dickflüssiger. Wichtig ist, dass die Sauce nun nicht mehr erhitzt werden darf, da sich sonst die Butter wieder trennt. Sollte dies dennoch passieren, einfach nochmals ein kleines Stück Butter schnell einrühren.

kochduell

Gebackener Camembert auf Tamarillos und Champignonchips

Die Camemberts in Stücke schneiden und in Mehl wälzen. Danach durch das verrührte Ei ziehen und mit Paniermehl panieren. Beides wiederholen. Es ist wichtig, dass zweimal paniert wird, damit der Käse beim Braten nicht ausläuft. Anschließend in einer heißen Pfanne mit wenig Öl von beiden Seiten goldgelb backen. Die Champignons in feine Scheiben schneiden und portionsweise in einer Pfanne mit Öl sehr kross braten. Nur so viele Champignons in die Pfanne geben, dass der Boden gerade bedeckt ist. Das Basilikum und den Knoblauch fein hacken und mit dem Olivenöl mixen. Die Tamarillos schälen, in Scheiben schneiden und auf vier Teller verteilen. Mit dem gebackenen Camembert, den Champignonchips und der Basilikumsauce anrichten.

(für 4 Personen)

2 Camemberts
Mehl und Eier zum Panieren
Paniermehl
Öl
300 g große Champignons
1 Bd. Basilikum
1 Knoblauchzehe
50 ml Olivenöl
4 Tamarillos

Zubereitungszeit: ca. 40 Minuten

Tipp:

Tamarillos sind eigroße, tomatenähnliche Strauchfrüchte und werden daher auch „Baumtomaten" genannt. Sie sind auch im reifen Zustand relativ hart und dürfen nicht zu weich eingekauft werden. Man erhält sie in einigen Supermärkten und in auf Südfrüchte spezialisierten Gemüseläden.

kochduell

Rinderfilet mit Babytomaten und gebratenem Fenchel

Das Rinderfilet mit Salz und Pfeffer würzen und dünn mit Senf einstreichen. Von allen Seiten in einer heißen Pfanne anbraten und im Ofen bei 80 °C mindestens 30 Minuten ruhen lassen. Den Fenchel längs in Scheiben schneiden, in einer Pfanne von beiden Seiten anbraten und mit Salz und Zucker würzen. Die Tomaten waschen, den Strunk entfernen, halbieren und langsam mit den zerdrückten Knoblauchzehen in Olivenöl erhitzen. Mit Salz, Pfeffer, Zucker und Balsamicoessig abschmecken. Zuletzt das Basilikum unterheben. Die Tomaten als Beet arrangieren, das in Scheiben geschnittene Rinderfilet abwechselnd mit den Fenchelscheiben auf den Tomaten anrichten. Nach Belieben mit frischen Basilikumblättern dekorieren.

Zubereitungszeit: ca. 20 Minuten
Ruhezeit: ca. 30 Minuten

Tipp:
Wichtig ist die Ruhezeit des Fleisches. Ein Filet sollte saftig bleiben, auch wenn es durchgebraten wird. Dies gelingt durch das Ruhen bei 80° C. Sollte das Fleisch noch zu roh sein, kann man es noch ein wenig nachgaren. Durchgebratenes Fleisch hingegen bekommt man nicht mehr rosa.

(für 4 Personen)

600 g Rinderfilet
scharfer Senf
2 Knollen Fenchel
500 g Cherrytomaten
2 zerdrückte Knoblauchzehen
Olivenöl
Balsamicoessig
etwas gehacktes Basilikum
Salz, Pfeffer
Zucker

kochduell

Fasanenbrust im Tannenduft mit Pastinakenpüree

Die Fasanenbrüstchen mit Salz, Pfeffer und Lavendel würzen und in Butter braten. Anschließend auf die gewaschenen Tannenzweige betten und im Ofen bei 120 °C ca. 15 Minuten langsam dünsten. Die Pastinake schälen, würfeln und im Salzwasser garen. Dann zerdrücken und mit Milch und Butter zu einem Püree verarbeiten. Mit Salz und Pfeffer abschmecken. Für die Sauce die Sahne mit Lavendel aufsetzen, etwas Butter hinzufügen und mit Salz, Zucker und ein wenig Weißweinessig abschmecken. Die Fasanenbrust auf dem Pastinakenpüree servieren und die Sauce außen herum gießen.

Zubereitungszeit: ca. 35 Minuten

Tipp:
Die Fasanenbrust mit den Tannenzweigen servieren. Die Tannenzweige sind jedoch nicht essbar.

(für 4 Personen)

4 Fasanenbrüstchen
etwas Lavendel (Apotheke)
Butter
4 Tannenzweige
1 Pastinake
Milch
250 ml Sahne
Weißweinessig
Salz, Pfeffer
Zucker

Gebratene Perlhuhnbrust und Balsamico-Chicorée

(für 4 Personen)

500 g Perlhuhnbrust (alternativ auch Hühnchenbrust)
50 ml Olivenöl
1 zerdrückte Knoblauchzehe
50 g Butter
3 rote oder gelbe Chicorées
frischer Salbei
100 ml Balsamicoessig
50 ml Honig
Salz, Pfeffer
Zucker

Die Perlhuhnbrust mit Salz und Pfeffer würzen und in Öl mit der zerdrückten Knoblauchzehe anbraten. Die Butter hinzugeben; sie sollte schäumen und eine braune Farbe annehmen, dadurch erhält das Huhn einen schönen, nusseigenen Geschmack. Wenn das Huhn von beiden Seiten schön gebräunt ist, im Ofen bei 80 °C ca. 20 Minuten gar ziehen lassen. Wichtig ist die niedrige Temperatur, damit das Huhn saftig bleibt und nicht austrocknet. Es gibt nichts Schlimmeres als trockenes Geflügel.
Die Chicorées halbieren, jeweils den dicken Strunk herausschneiden und anschließend in lange Streifen schneiden. In wenig Öl anbraten und mit Salz, Pfeffer und Zucker abschmecken. Da Chicorée ein bitteres Gemüse ist, verträgt es eine Menge Zucker. Zuletzt gehackten frischen Salbei nach Belieben hinzufügen.
Den Balsamicoessig erhitzen und mit dem Honig auf gut ein Drittel reduzieren. Das Perlhuhn in Scheiben schneiden, auf dem gebratenen Chicorée anrichten und mit der Balsamico-Reduktion nappieren (übergießen).

Zubereitungszeit: ca. 20 Minuten
Garzeit: ca. 20 Minuten

kochduell

Knusperzander und vanilliertes Sommergemüse

Den Zander mit Salz und Pfeffer würzen und leicht mehlieren. In eine heiße Pfanne Öl und Butter geben, den Zander auf der Hautseite knusprig anbraten, drehen und ca. 6–8 Minuten langsam weiter garen. Den Spargel halbieren und in Salzwasser blanchieren. Die dicken Bohnenkerne ebenfalls blanchieren und anschließend die weiße Haut entfernen. Die Zuckerschoten und die gewaschenen Frühlingszwiebeln in feine Streifen schneiden. Das Gemüse in einer Pfanne mit Butter anschwenken, gewürzt wird mit einer Prise Salz und etwas Zucker. Für die Sauce die Schalottenwürfel in ca. 50 g Butter andünsten, mit der Brühe auffüllen, Vanillemark hinzufügen und mit etwas Curry abschmecken. Die restliche kalte Butter hinzufügen und mit einem Stabmixer schaumig schlagen.
Den Zander auf dem Gemüse anrichten, die geschäumte Sauce hinzugeben und mit frischen Kräutern dekorieren.

Zubereitungszeit: ca. 40 Minuten

(für 4 Personen)

4 Stck. Zander mit Haut
Mehl
Öl und Butter zum Braten
10 Stangen grüner Spargel
200 g dicke Bohnenkerne (frisch)
100 g Zuckerschoten
6 Frühlingszwiebeln
1 fein gewürfelte Schalotte
150 g Butter
250 ml Gemüsebrühe
Mark einer Vanilleschote
Curry
frische Kräuter zum Dekorieren
Salz, Pfeffer
Zucker

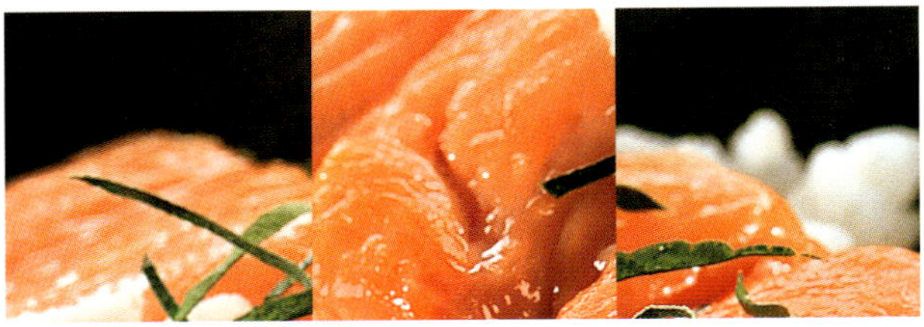

Lachs-Saltimbocca

(für 4 Personen)

400 g Lachsfilet
Salbeiblätter
4 Scheiben Parmaschinken
Öl
1 klein gewürfelte Gemüsezwiebel
50 ml Weißwein
100 ml Fischfond
50 g Butter
2 Tomaten
Salz, Pfeffer

Das Lachsfilet in vier Stücke schneiden, salzen und pfeffern und je ein Salbeiblatt darauf legen. Mit einer Scheibe Parmaschinken umwickeln und in einer Pfanne mit etwas Öl von beiden Seiten anbraten und gar ziehen lassen. Das Saltimbocca aus der Pfanne nehmen.
Für die Sauce die Zwiebel in der selben Pfanne glasig dünsten. Etwas klein geschnittenen Salbei hinzugeben, mit dem Weißwein ablöschen und mit dem Fischfond auffüllen. Kalte Butter einrühren und zuletzt die entkernten, in Würfel geschnittenen Tomaten hinzugeben. Die Sauce bei Belieben noch mit Salz und Pfeffer würzen. Die Lachs-Saltimbocca werden auf der Sauce angerichtet.

Zubereitungszeit: ca. 35 Minuten

Tipp:

- **Saltimbocca** nennt man mit Salbeiblättern und Schinkenscheiben belegten oder umwickelten Fisch oder Fleisch. Damit die Umwicklung beim Braten hält, kann man sie auch mit einem Zahnstocher feststecken.
- Als Beilage können Sie das gelierte Ratatouille (siehe S. 23) warm servieren.

Garnelen-Spinat-Quiche

Aus Mehl, Butter, Milch und je einer Prise Zucker und Salz einen Teig herstellen und eine Stunde kühl stellen. Die Zwiebelwürfel in etwas Öl anschwitzen, den Spinat und die Garnelen (gepult) hinzufügen. Tiefgefrorenen Spinat zuvor auftauen lassen. Mit Salz, Pfeffer und Muskatnuss abschmecken. Sahne und Eier zusammen verquirlen und etwas salzen. Den Teig ausrollen und kleine Förmchen damit auslegen. Die Spinat-Garnelen-Mischung hineingeben und mit der Eimasse auffüllen. Im Ofen bei 220 °C ca. 20–25 Minuten backen.

Zubereitungszeit: ca. 40 Minuten
Kühlzeit: ca. 1 Stunde

(für 4 Personen)

250 g Mehl
125 g Butter
100 ml Milch
je 1 Pr. Zucker und Salz
2 gewürfelte Zwiebeln
Öl
250 g Blattspinat
500 g Garnelenschwänze
Muskatnuss
400 ml Sahne
4-5 Eier (entsprechend 200 ml verquirlter Masse)
Zucker
Salz, Pfeffer

Räucherlachs-Cannelloni

Das Olivenöl mit den zerdrückten Knoblauchzehen auf ein Backblech geben. Die Auberginen halbieren, die Schnittflächen salzen und mit dieser Seite nach unten auf das Backblech geben. Im Backofen ca. 45 Minuten bei 140 °C langsam garen, bis die Auberginen weich sind. Das Mark der Aubergine auskratzen und mit den Thymianblättern vermischen. Erkalten lassen, auf die Räucherlachsscheiben geben und zu Cannelloni rollen. Den Schnittlauch fein schneiden und mit der Crème fraîche und dem Joghurt vermischen. Mit etwas Salz abschmecken. Die Schnittlauchsauce auf einen Teller geben und die Cannelloni darauf setzen.

Zubereitungszeit: ca. 15 Minuten
Garzeit: ca. 45 Minuten

(für 4 Personen)

etwas Olivenöl
2–3 Knoblauchzehen
4 Auberginen
1 EL frische Thymianblätter
8 Scheiben Räucherlachs
1 Bd. Schnittlauch
200 g Crème fraîche
200 g Joghurt
Salz

kochduell

Kirschen in Rosmaringelee

Den Kirschsaft mit dem Zucker, dem Sternanis, dem Mark der Vanilleschote und der abgeriebenen Zitronenschale einmal kurz aufkochen. Den Sternanis wieder entfernen. Die Rosmarinblätter sehr fein hacken und dem Saft hinzufügen. Die eingeweichte Gelatine hinzugeben und zuletzt die Kirschen unterziehen. In Sektgläser füllen und mit einem Rosmarinzweig dekorieren. Zum Gelieren das Ganze für 2 Stunden in den Kühlschrank stellen.

Zubereitungszeit: ca. 20 Minuten
Kühlzeit: 2 Stunden

Tipp:
Sternanis sollte nicht zu lange mitgekocht werden, damit sein intensives Aroma nicht den Gesamtgeschmack dominiert.

(für 4 Personen)

200 ml Kirschsaft
200 g Zucker
2–3 Sternanis
Mark einer Vanilleschote
abgeriebene Schale einer Zitrone
1 TL gehackte frische Rosmarinblätter
2 Blatt Gelatine
500 g entkernte Kirschen

Knusprige Schokoladenbirne

(für 6 Personen)

400 g Zucker
1 Zimtstange
3 Sternanis
6 Birnen
400 g Blätterteig
ca. 300 g Puderzucker
300 g Zartbitterschokolade
1 TL Kakaopulver
2 cl Pernod

1/2 l Wasser mit dem Zucker, der Zimtstange und dem Sternanis zum Kochen bringen. Die Birnen schälen und in dem Sud pochieren. Mit einem Holzstäbchen testen, ob die Birnen gar sind. Sind sie weich, sofort aus dem Sud nehmen.
Den Blätterteig dünn ausrollen und im Ofen bei 200 °C ca. 15 Minuten ausbacken. Diesen dann noch warm mit einer runden Form ausstechen. Mit Puderzucker bestreuen und im Ofen weiter garen, bis der Zucker karamellisiert. Die Bitterschokolade mit dem Kakaopulver und dem Pernod in 150 ml kochendem Wasser auflösen, bis eine glatte Schokoladensauce entsteht. Die Birnen in Scheiben schneiden und auf dem karamellisierten Blätterteig verteilen. Mit der Schokoladensauce leicht nappieren (übergießen).

Zubereitungszeit: ca. 30 Minuten

Tipp:

- Unter **Pochieren** versteht man in der Profi-Küche das Garziehen in heißer, nicht kochender Flüssigkeit.
- Beim Kochen der Schokoladensauce könnte man auch Milch verwenden, doch Milch nimmt die Bitterkeit der Schokolade weg, die mit dem süßen Geschmack der Birne wunderbar harmoniert.
- Stellt man das Birnenwasser kalt und verlängert es mit klarem Rum oder Wodka, hat man gleichzeitig einen fruchtigen, begleitenden Cocktail.

Kaffee und Kuchen mal anders

Auch der gemütliche Nachmittagskaffee darf natürlich in meiner Partyküche nicht fehlen. Servieren Sie doch einmal anstatt des gewöhnlichen Kaffees einen „Gestockten Cappuccino“, und ersetzen Sie den üblichen Käsekuchen durch „Geschnürte Orangen-Muffins“ oder „Kiwi-Wraps“. Damit können Sie sogar anspruchsvolle Leckermäuler begeistern.

Kiwi-Wraps

(für 4 Personen)

50 g weiche Butter
100 g Zucker
2 Eier
150 g Mehl
1/4 l Milch
Öl
250 g Mascarpone
Saft einer Zitrone
Zucker
4 Kiwis

Die Butter und den Zucker verrühren. Die Eier und das Mehl hinzugeben und zuletzt die Milch einrühren. Den Teig etwa 15 Minuten ruhen lassen. Anschließend in einer heißen, leicht geölten Pfanne dünne Crêpes backen. Für die Füllung den Mascarpone mit dem Zitronensaft und ein wenig Zucker glatt rühren. Die erkalteten Crêpes damit bestreichen und anschließend die geschälten und klein gewürfelten Kiwis hineinstreuen. Die Crêpes in der typischen Wrapform von unten nach oben zu einem Drittel einschlagen und dann von rechts nach links einrollen. Möchte man diesen Wrap aus der Hand essen, besser noch ein Pergamentpapier oder Butterbrotpapier herumwickeln. Dann bleiben auch die Finger sauber.

Zubereitungszeit: ca. 25 Minuten

Bananen-Taler

Die Schokolade im Wasserbad oder in der Mikrowelle schmelzen. Haferflocken und Kokosflocken unterheben. Die Schokomasse mit einem Esslöffel auf Backpapier legen und zu Talern mit einem Durchmesser von ca. 10 cm und einer Dicke von ca. 0,5 cm formen. Anschließend erkalten lassen. Die Bananen in Scheiben schneiden und auf die erkalteten Taler legen. Die Sahne mit Zucker und Sahnesteif steif schlagen und auf die Bananen geben. Als Abschluss kann man noch einen Taler obendrauf legen. Auf einem Teller servieren.

(für 4 Personen)

200 g Bitterschokolade
100 g Haferflocken
100 g Kokosflocken
2 reife Bananen
200 ml Schlagsahne
ca. 50 g Zucker
1/2 Päck. Sahnesteif

Zubereitungszeit: 30 Minuten

Tipp:
Will man das Dessert nicht sofort servieren, sollte man die Bananen mit Zitronensaft beträufeln, damit sie nicht so schnell braun werden.

kochduell

Geschnürte Orangen-Muffins

Die Butter mit dem Zucker und der abgeriebenen Orangenschale schaumig schlagen. Langsam die saure Sahne, das Ei und den Orangensaft unterrühren. Zuletzt das Mehl, Backpulver und Zimt hinzufügen. Die Orangen schälen, filetieren und unter die Masse heben. Das Butterbrotpapier in ca. 5 cm breite Streifen schneiden. Zu einem Zylinder drehen und mit dem Paketband zusammenbinden. Die Masse bis zur Hälfte in die Förmchen einfüllen und das Ganze im Ofen bei 180 °C ca. 35 Minuten backen. Im Butterbrotpapier servieren.

Zubereitungszeit: ca. 15 Minuten
Backzeit: ca. 35 Minuten

(für 4 Personen)

100 g weiche Butter
250 g Zucker
abgeriebene Schale einer Orange
200 g saure Sahne
1 Ei
100 ml Orangensaft
250 g Mehl
1/2 Päck. Backpulver
etwas Zimt
2 Orangen
Butterbrotpapier
Paketband

Karamell-Beeren im Glas

Den Zucker in einem flachen Topf mit etwas Wasser auflösen und langsam erhitzen. Sobald die Zuckermasse kocht, nicht mehr rühren, da sie sonst klumpen könnte. Wenn die Zuckermasse anfängt, goldgelb zu werden, den Topf vom Herd ziehen. Der Topf gibt noch genügend Wärme ab, um den Zucker weiter zu bräunen. Ist eine dunkle Farbe erreicht, vorsichtig unter Rühren die Sahne eingießen. Das Ganze mit dem Mark einer Vanilleschote und der abgeriebenen Zitronenschale abschmecken. Die Karamell-Sahne nun wieder auf den Herd stellen und die Masse zum Kochen bringen. Die Stärke mit etwas Wasser anrühren und unter ständigem Rühren der Sahne zufügen, bis eine Creme entsteht. Einmal noch kurz aufköcheln lassen, um die Stärke „rauszukochen". So schmeckt man sie nachher nicht mehr. Die Creme in Gläser verteilen und auskühlen lassen. Vor dem Servieren mit Beeren der Saison auffüllen. Tiefgefrorene Beeren vorher auftauen lassen.

(für 4 Personen)

150 g Zucker
ca. 50 ml Wasser
1/2 l Sahne
Mark einer Vanilleschote
abgeriebene Schale einer Zitrone
50 g Stärke
250 g frische Beeren

Zubereitungszeit: ca. 20 Minuten

Tipp:
Um die Karamell-Creme etwas aufzulockern, kann man kurz vor dem Servieren noch etwas geschlagene Sahne (max. 150 ml) unterziehen.

Apfel im Cocon

(für 4 Personen)

3–4 Äpfel
1 EL frische, klein geschnittene Zitronenmelisse
50 g Rosinen
100 g Zucker
250 g Blätterteig
etwas Honig
50 g Cornflakes

Die Äpfel schälen, entkernen und in Würfel schneiden. Die Melisse, Rosinen und Zucker unterheben. Den Blätterteig etwas dünner rollen und die Apfelmasse in der Mitte verteilen. Die Teigenden wie bei einer Frühlingsrolle zusammenlegen. Mit etwas Honig beträufeln und die Cornflakes darüber streuen. Im Ofen bei 180 °C etwa 15–20 Minuten backen. Die genaue Backzeit hängt natürlich von der Dicke der Rolle ab. Die Rolle aufschneiden und noch warm servieren.

Zubereitungszeit: ca. 45 Minuten

Himbeerküchlein

(für 4 Personen)

500 g Himbeeren
50 g Milch
80 g Mehl
1 Ei
Honig
2 Eiweiß
40 g Zucker
Öl

Sollten Sie gefrorene Himbeeren verwenden, diese auftauen lassen und den Saft abschütten.
Milch und Mehl glatt rühren. Das Ei und etwas Honig hinzufügen und zu einem glatten Teig verrühren. Eiweiß mit dem Zucker zu Schnee schlagen. Vorsichtig unter den Teig heben. Zuletzt die Himbeeren hinzugeben und die Pfannkuchen in einer Pfanne mit wenig Öl ausbacken.

Zubereitungszeit: ca. 20 Minuten

Tipp:
Natürlich kann man die Früchte je nach Saison und Angebot variieren.

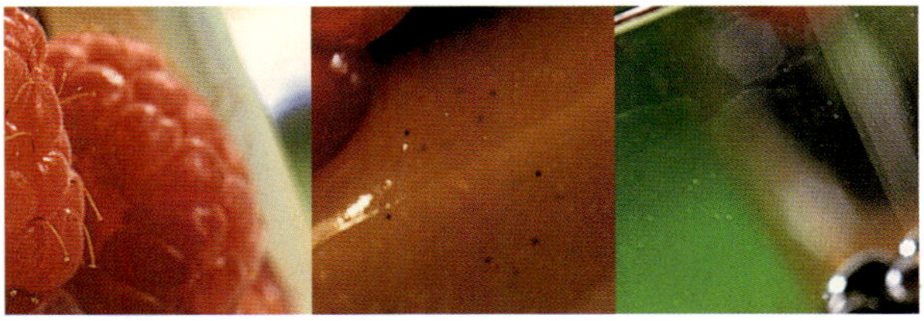

Gestockter Cappuccino

400 ml Milch
200 g Zucker
ca. 30 g Kaffeebohnen
abgeriebene Schale einer Orange
100 ml stark gekochter Kaffee (kalt)
40 g Stärke
5 Eigelb
200 ml Sahne
1 TL Kakaopulver

Milch und Zucker mit den Kaffeebohnen und der Orangenschale aufkochen. Den Kaffee mit der Stärke und den Eigelben verrühren und die kochende Milchmasse schnell einrühren. Nochmals auf dem Herd unter ständigem Rühren leicht aufkochen. Mit einem Löffel die Kaffeebohnen entfernen und die Kaffeecreme in Espressotassen füllen und erkalten lassen.
Kurz vor dem Servieren Sahne halbsteif schlagen, auf die Creme geben und mit Kakaopulver leicht abstäuben.

Zubereitungszeit: ca. 20 Minuten
Kühlzeit: mind. 30 Minuten

Tipp:
Dieses Rezept funktioniert auch ohne Kaffeebohnen, aber durch die Bohnen erhalten Sie einen schönen, intensiven Geschmack.

Über den Autor

Matthias Ruta

geb. am 21. Oktober 1966 in Essen

Beruflicher Werdegang

- Ausbildung zum Konditor in der „Konditorei Hohoff“, Essen
- Ausbildung zum Koch in „Steeler Stadtgarten“, Essen
- Commis de Cuisine im „Steeler Stadtgarten“, Essen
- Commis Tournant im „Restaurant Seeblick“, Essen
- Commis de Cuisine / Demichef de Cuisine / Chef de Partie im „Scandic Crown Hotel“, Essen
- Commis de Cuisine / Demichef de Cuisin im „Hotel Kempinski Gravenbruch“, Frankfurt am Main
- Chef de Partie im „Arabella Grand Hotel“, Frankfurt am Main (Tournant im Gourmetrestaurant „Premiere“)
- Chef Tournant im Restaurant „An'ne Bell“, Düsseldorf (Postenchef der einzelnen Küchenabteilungen)
- Chef Tournant im „Club Aldiana“, Schweiz, Türkei, Tunesien, Portugal und Spanien
- Sous-Chef im „Restaurant Rosin“, Dorsten (Führung und Leitung der Küche)
- Gastronomische Beratung des Restaurants „ZOO“, Nicocia, Zypern

Momentane Tätigkeit

- Kochevents, Beratung: www.kochevent.de
- Kochduell-Showkochen für die Firma Bosch Haushaltsgeräte
- Produktpräsentationen für die Firma Saeco
- Fernsehkoch im Kochduell bei VOX

Besondere Qualifikationen

- Weiterbildung in Zuckergestaltung

Sonstiges

- Mitglied bei der Vereinigung „Eurotoques“ (Zusammenschluss europäischer Spitzenköche)

Register

kochduell

Die schnellste Kochshow der Welt

Susanne Vössing

kochduell –
Raffinierte Kräuter- und Gemüserezepte

96 Seiten, zahlr. farb. Abb.
gebunden
ISBN 3-8025-1405-X

Stefan Wiertz

kochduell –
Pasta, Pesto & Co.

96 Seiten, zahlr. farb. Abb.
gebunden
ISBN 3-8025-1447-5

Rainer Mitze

kochduell –
Exotische Gemüse und Gewürze von A-Z

128 Seiten, zahlr. farb. Abb.
gebunden
ISBN 3-8025-1466-1

Thies Möller

kochduell –
Das Fischbuch

96 Seiten, zahlr. farb. Abb.
gebunden
ISBN 3-8025-1418-1

Franz-Xaver Bürkle

kochduell –
Desserts

96 Seiten, zahlr. farb. Abb.
gebunden
ISBN 3-8025-1446-7

Andreas C. Studer

kochduell –
Barbecue – Das Grillbuch

96 Seiten, zahlr. farb. Abb.
gebunden
ISBN 3-8025-1419-X

Christina Fischer/Hendrik Thoma

kochduell –
Das Weinbuch

96 Seiten, zahlr. farb. Abb.
gebunden
ISBN 3-8025-1404-1

Wolfgang Kohlhepp

kochduell –
Finger Food – fix und fertig

96 Seiten, zahlr. farb. Abb.
gebunden
ISBN 3-8025-1417-3

Christina Fischer/Hendrik Thoma

kochduell –
Der Einkaufsführer Rotwein

96 Seiten, zahlr. farb. Abb.
gebunden
ISBN 3-8025-1427-0

Carsten Dorhs

kochduell –
Pfiffige Kartoffel-Rezepte

96 Seiten, zahlr. farb. Abb.
gebunden
ISBN 3-8025-1406-8

Ralf Meuser

kochduell –
Hausmannskost

96 Seiten, zahlr. farb. Abb.
gebunden
ISBN 3-8025-1492-0